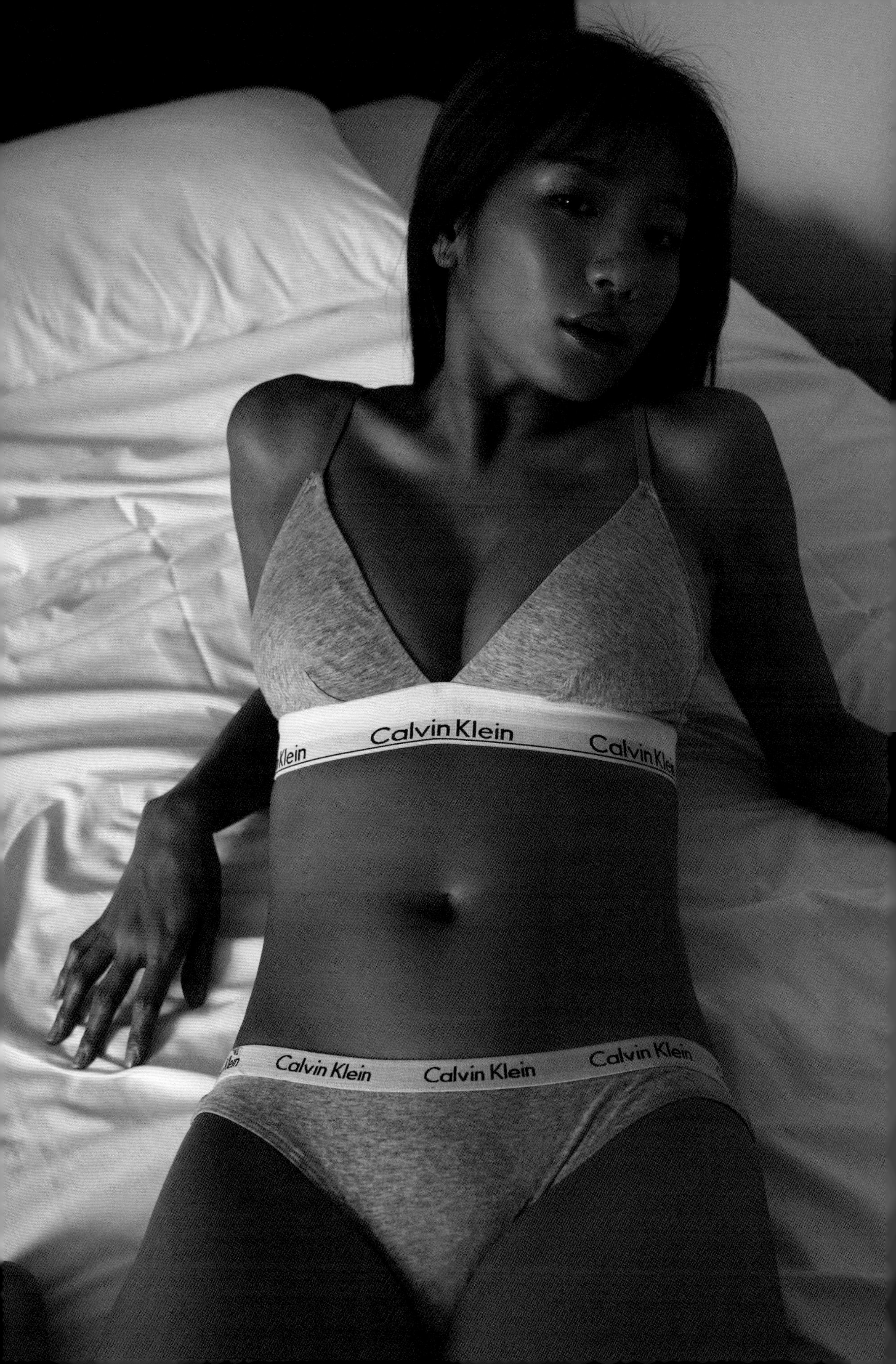

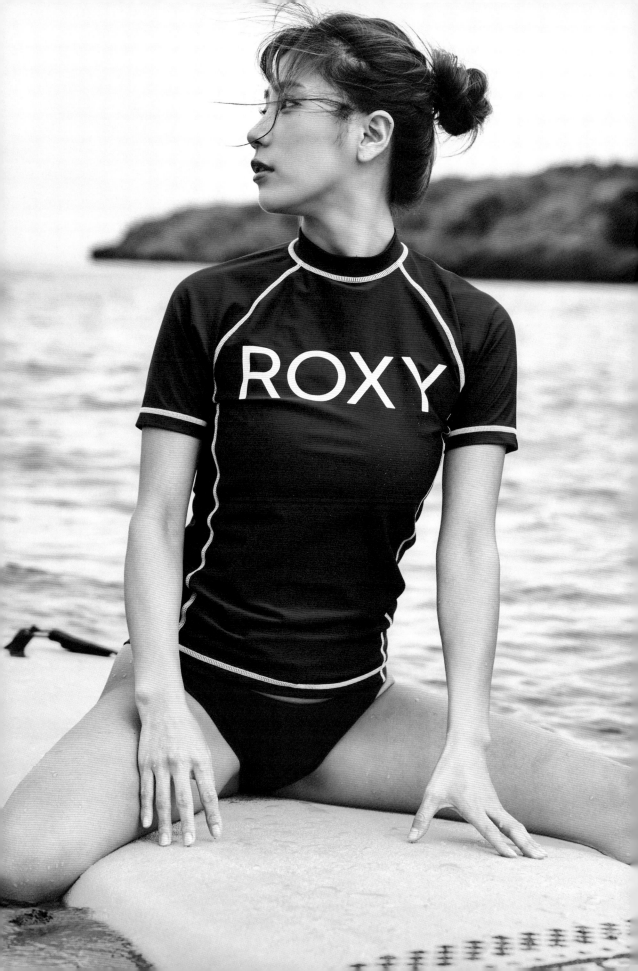

2021年2月22日　初版第一刷発行

Model　葉月あや
Photographer　高橋けいすけ
Stylist　松田亜侑美
Hair & Make　川畑春菜
Artist Manager　堤ゆきみ（R・I・P）

衣装協力
fruits de mer
Riberce
ROYAL PUSSY
SHIROHATO
3rd Spring
原宿シカゴ 原宿店

Transworld Japan Inc.
Produce　斉藤弘光
Designer　山根悠介
Sales　原田聖也

発行者　佐野 裕
発行所　発行所／トランスワールドジャパン株式会社
　　　　〒150-0001 東京都渋谷区神宮前 6-25-8 神宮前コーポラス
　　　　Tel：03-5778-8599　Fax：03-5778-8743

印刷・製本　株式会社グラフィック

ISBN 978-4-86256-306-4
2021 Printed in Japan
©Transworld Japan Inc.

葉月あや